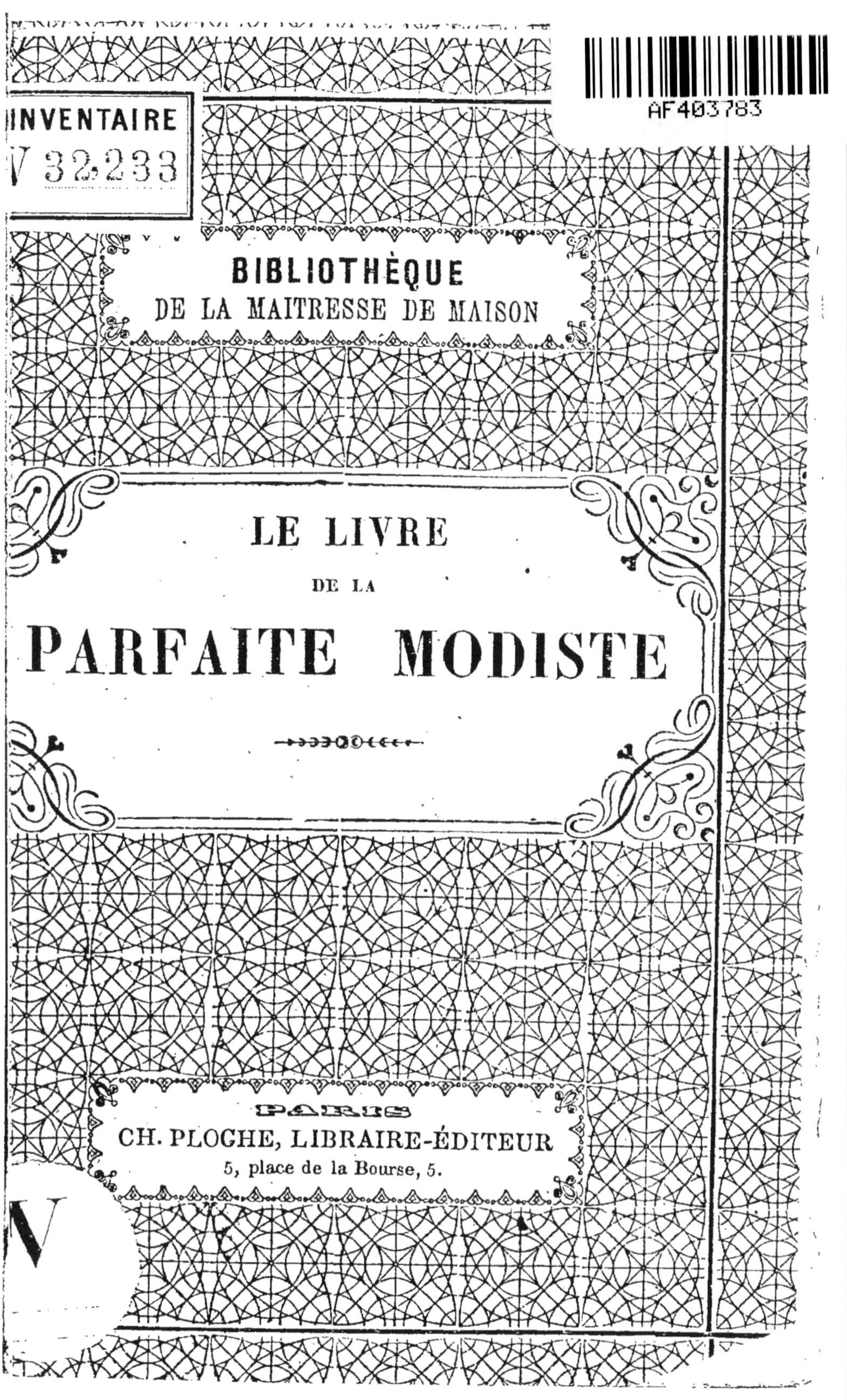

BIBLIOTHÈQUE
DE LA MAITRESSE DE MAISON

LE LIVRE
DE LA
PARFAITE MODISTE

PARIS

CH. PLOCHE, LIBRAIRE-ÉDITEUR

5, place de la Bourse, 5.

Paris.—Imprimerie Bonaventure et Ducessois,
55, quai des Augustins.

LE LIVRE

DE LA MODE

PAR M. L... F...

PARIS

CH. PLOCHE, LIBRAIRE-ÉDITEUR,

5, place de la Bourse.

1852

LE LIVRE

DE LA MODE

HISTOIRE DES MODES FRANÇAISES.

En écrivant l'histoire des modes en France, on doit craindre, non pas d'être trop futile, mais de tomber dans un excès contraire. Il n'y a rien, en effet, de plus sérieux, de plus profondément instructif, que les capricieuses transformations du costume. L'état social tout entier, le degré de civilisation, la distinction des classes, les ressources de l'industrie, du commerce et de la culture, la nature du climat, les vicissitudes des mœurs, du gouvernement, de la fortune publique, se reflètent dans les habits. Si le peuple est pauvre, il ne songe qu'à s'abriter de la pluie ou du froid ; s'il est riche, il ne se contente pas d'avoir des vêtements, il faut encore qu'il y ajoute des parures, dont les variations sont plus ou moins nombreuses, plus ou moins rapides, suivant son inconstance ou sa légèreté. Une religion austère communique aux ajustements son chaste rigorisme ; le relâchement des liens moraux fait éclore des modes fantasques, et souvent contraires à la **décence. Tandis** qu'autour d'un monarque absolu se pavanent des **courtisans chamarrés** d'or, la simplicité et l'uniformité sont l'expression intérieure des formes constitutionnelles. Qu'une nation commande aux autres, elle lui impose ses modes en même temps que ses lois ; qu'elle faiblisse, qu'elle dégénère, elle copie servilement les étrangers. **Toutes** les péripéties de la vie d'un peuple se traduisent par des changements de toilette. Dans les provinces isolées les unes des autres, soit par leur administration, soit par des obstacles naturels, les habillements se diversifient à chaque canton ; dans un vaste pays, dont toutes les parties sont liées entre elles par un même code, par des mœurs identiques, par de faciles communications, les modes prennent naissance au centre, d'où elles se propagent jusqu'aux points extrêmes de la circonférence.

Ainsi Paris a conquis le privilége de dicter des lois somptuaires à la France. Soit qu'il innove, soit qu'il sanctionne des créations étrangères, ce qu'il préconise subsiste, ce qu'il a condamné disparaît. Sans le bon goût et l'instabilité de ses habitants, sans le génie inventif et la dextérité manuelle de ses ouvriers, l'homme pourrait être vêtu, jamais il ne serait habillé. Sous peine de choquer les yeux par l'étrangeté de vos chapeaux, par le barbarisme de vos corsages, il faut que vous consultiez le *Courrier des Dames*. Si vous ne voulez être ridicules ou rétrogrades, vous devez payer le tribut à la mode, vous y soumettre aveuglément, sans appel, sans contrôle, sans pouvoir demander raison à personne de cette tyrannie, car le droit de décréter la mode parisienne appartient à tout homme et à toute chose ; et vous remarquerez dans le cours de ce travail que les princes, les couturières, les événements politiques, la guerre, la paix, les pièces nouvelles, les romans en vogue, les bêtes du jardin des Plantes, ont donné tour à tour un nom et une forme spéciale aux brimborions enfantés par une inépuisable fantaisie.

Toutefois, l'influence de Paris n'a pas été immédiate ;

elle est le fruit d'un travail séculaire, et si elle atteint vite les classes élevées, elle ne parvient aux rangs inférieurs qu'après une lente progression. Le mouvement des modes est comme celui des vagues : l'agitation tumultueuse de la surface des eaux se communique insensiblement à la masse liquide, et s'affaiblit à mesure qu'elle descend. Des innovations journalières se produisent parmi les riches ; mais les modes du peuple restent longtemps les mêmes, et la blouse gauloise est encore aujourd'hui le costume de la majorité des Français.

COSTUME DES GAULOIS.

Cette blouse, ou *saie*, se mettait par dessus la tunique ; elle était de laine, de peaux de mouton, de loup ou de blaireau, cousues avec des crins ou des nerfs d'animaux. Elle avait pour complément la chemise (*camisia* ou *subucula*), et les *braies*, pantalon attaché à la ceinture et serré sur la cheville avec des cordons. Les bas, encore inconnus, étaient remplacés par des bandelettes qui, se croisant autour de la jambe, retenaient des sandales de bois ou des chaussures de cuir. Les Gaulois avaient les cheveux courts et la barbe longue ; ils aimaient les bijoux et se mettaient volontiers des bagues à tous les doigts. En hiver, ils s'enveloppaient d'un ample manteau à capuchon, désigné sous le nom bizarre de *bardocuculus*. Ils étaient propres et même recherchés dans leur toilette, et l'historien Ammien Marcellin disait, après avoir parcouru les Gaules, en l'an 375 : « Vous ne trouverez dans ces contrées ni hommes ni femmes, fussent-ils des plus pauvres, qui aient des vêtements sales et déchirés. »

Un bas-relief, découvert à Langres, nous ont fait connaître le costume d'une femme gauloise de la classe moyenne. Elle est vêtue d'une tunique large et plissée, découpée en dents par le bas, d'un tablier court et de sandales. Ses cheveux sont enveloppés d'un *obbon*, réseau de toile dont parle le titre 76 de la loi salique : « Si, en battant une femme, on l'a décoiffée de manière à faire tomber son *obbon*, on lui paiera une indemnité de quinze sous. » La même loi, au titre 29, *des vols divers*, nous apprend que l'usage des bracelets était répandu.

« Si l'on vole à une femme un bracelet, on sera condamné à une amende de cent vingts deniers, qui font trois sous [1] »

COSTUME DES FRANCS.

Le costume des Francs était analogue à celui des Gaulois, et en s'établissant dans les Gaules, ils avaient participé au luxe des Romains qu'ils évinçaient. Caïus Sollius Apollinaris Sidonius, évêque de Clermont, vit à Lyon, en 467, le chef franc Sigismer brillant d'or, d'écarlate et de soie. Ses compagnons avaient des tuniques de plusieurs couleurs, à manches courtes, des manteaux de fourrures et des jambières ou bottines de peau non corroyée. Les Francs n'étaient pas toujours aussi richement costumés. Pour combattre ils se dépouillaient jusqu'aux hanches, ayant la partie inférieure du corps couverte de *braies* en toile ou de cuissards en cuir, qu'on nommait *coriacea femoralia*. A leur ceinture étincelait un poignard appelé en langue tudesque *skramasax* (couteau de sûreté). Ils dédaignaient de se servir de casques,

---

[1] Le sou, monnaie d'or, comprenait quarante deniers ; le denier avait une valeur intrinsèque de 9 fr. 28 cent., et le sou correspond à 99 fr. 53 cent. de nos jours. La loi des Francs ripuaires estime un bœuf deux sous, une vache un sou, un cheval six sous, une jument trois sous, une cuirasse douze sous, un casque six sous, un bouclier et une lance deux sous. Chez les Bourguignons, un cheval vaut dix ou six sous, suivant la qualité, un bœuf deux sous, une vache, un porc, une brebis, un sou.

et n'avaient pour défense que la *parma*, bouclier ovale, en bois blanc, assez grand pour servir de barque au besoin. Leurs armes, sans lesquelles il marchaient rarement, étaient la *framée* [1] ou javelot ; la *francisque*, hache à deux tranchants ; la *spathe*, épée suspendue au côté droit par un large ceinturon, et l'*angon* [2], pique au bois cerclé de lames de fer, à la pointe garnie de barbes recourbées. Les dames franques portaient de longues tuniques, serrées sur les hanches par une ceinture dont les bouts pendaient jusqu'à terre ; un long manteau leur couvrait le dos ; leur poitrine était garnie d'une espèce de corsage appelé *garde-corps (garda-corsium)*. Elles séparaient leurs cheveux en deux tresses qu'elles entouraient d'un ruban, où qu'elles nouaient comme une corde de distance en distance.

La longueur des cheveux, chez les Francs, indiquait le rang qu'on occupait dans la hiérarchie sociale. La famille royale avait seule le privilége de les laisser croître : aussi Grégoire de Tours désigne-t-il nos premiers souverains sous le nom de *rois chevelus*. Philippe Monskes, évêque de Tournay, auteur d'une chronique en vers, a dit de Clodion :

> Apielé fut de ses voisins
> Partout roi Clodes os lons crins,
> Pour çou que trécier se faisoit,
> Et longe barbe adiès avoit.

« Jamais, dit Agathias, auteur d'une *Histoire de Justinien*, on ne coupe la chevelure des fils des rois francs. Elle tombe gracieusement sur leurs épaules ; elle se partage sur le front, et se range à droite et gauche en deux touffes égales. Elle est pour eux l'objet d'un soin particulier ; ils versent même dessus des essences et des odeurs. »

Quand Childebert Ier et Clotaire songèrent à s'emparer

[1] Du mot tudesque *framen*, lancer.
[2] Du mot tudesque *hang*, hameçon.

des États de leur frère défunt, Clodomir, roi d'Orléans, ils agitèrent ensemble cette question : « Mettrons-nous nos neveux à mort, ou bien, en leur coupant leurs cheveux, les reléguerons-nous au rang des sujets ? » Le Romain Arcadius se présente de leur part à Clotilde, veuve de Clovis, et lui montre une épée nue et des ciseaux en lui disant : « Très-glorieuse reine, nos seigneurs tes fils te font demander conseil sur ce qu'on doit faire de tes petits-fils ? Veux-tu qu'ils vivent sans chevelure ou qu'ils périssent ? » La reine répond avec indignation : J'aime mieux les voir morts que tondus. » Paroles qui ont semblé si naturelles dans la bouche d'une femme de ce temps qu'elles n'ont pas nui à la haute réputation de sainte Clotilde.

Les *leudes, antrustions, grafen* ou comtes, *herizogen* ou ducs, *centeniers tungens* ou *dizainiers*, enfin tous ceux qui composaient l'ordre nobiliaire des Francs, avaient les cheveux courts par derrière et longs par devant; ils les ramenaient sur le front en guise de panache, et les entretenaient soit avec des parfums, soit simplement avec du beurre rance. Ils se frisaient et ne conservaient que deux moustaches qu'ils peignaient avec le plus grand soin ; mais à la fin de la première race, ils se laissèrent pousser les cheveux et la barbe. Le peuple conserva la tête et le menton ras.

MODES SOUS LES CARLOVINGIENS.

Sous les Carlovingiens, la fantaisie s'exerce sur la forme des habillements. On porte les manteaux longs devant et derrière, courts sur les côtés ; on borde les tuniques ou *rochets* de soie, de martre zibeline, de loir, de peau de chat, de menu-vair, fourrure précieuse marquetée de blanc et de gris [1]. On pousse la recherche jusqu'à

[1] Ce que nous appelons: ventre de petit-gris.

orner les *saies* de plumes de paon et de faisan. Charlemagne dédaignait ces superfluités ; il défendit de payer une *saie* plus de dix sous et un *rochet* fourré plus de trente sous. Il proscrivit les petits manteaux appelés *putaciola*, dont les Frisons faisaient commerce. « L'empereur, dit Eginhard, son gendre et son biographe, était mis à la mode nationale. Il passait d'abord une chemise et des caleçons de lin ; puis une tunique qu'il entourait d'une ceinture de soie, et des jambières. En hiver, il plaçait sur sa poitrine une peau de loutre. Il ne quittait jamais son glaive, dont la poignée était d'or ou d'argent. Il avait une antipathie profonde pour les costumes étrangers, même les plus riches. Deux fois seulement, à la demande du pape Adrien et de son successeur Léon III, il endossa la tunique longue, la chlamyde et les souliers romains. Aux grandes fêtes, il portait un habit tissu d'or, des chaussons décorés de pierreries[1], une agrafe d'or à sa saie, un diadème étincelant d'or et de pierres précieuses. Les autres jours, son costume différait peu de celui des gens du peuple.

Deux mosaïques faites par ordre du pape Léon III, dans la salle à manger du palais de Latran, nous montrent Charlemagne en grande toilette : une couronne impériale, fermée, lui cache entièrement les cheveux. Il est sans barbe, et n'a que deux moustaches effilées. Sa tunique lui vient à mi-jambe ; une *chlamyde*, manteau court à la romaine, est assujettie avec une boucle sur son épaule droite, couvrant le bras gauche et laissant libres les mouvements du bras droit. Les bandelettes qui attachent ses souliers lui montent jusqu'aux genoux. En écrivant cette description, nous avons sous les yeux une reproduction fidèle des mosaïques de Saint-Jean-de-Latran ; jugez donc par là, lecteurs, de l'authenticité des portraits qui représentent Charlemagne avec une épaisse chevelure, une barbe formidable et une robe qui lui couvre presque entièrement les pieds.

Le costume, au temps de Charlemagne, était presque identique pour les deux sexes. Les femmes mettaient pardessus leur tunique des *saies* à larges manches ; elles avaient supprimé les nattes et cachaient leurs cheveux sous un voile appelé grève (*gravia*), qui descendait jusqu'aux talons. Elles avaient pour chaussure des socques (*socci*), de laine ou de bois, ou des bottines (*caligæ*) dont le cuir était parfois doré.

Les hommes reprirent la barbe sous les derniers Carlovingiens. En 923, à la bataille de Soissons, le duc Robert, avant de combattre son compétiteur, Charles-le-Simple, mit hors de son armure sa barbe longue et blanche, afin d'être reconnu dans la mêlée. Hugues, comte de châlons, vaincu par Richard, duc de Normandie, est condamné à demander pardon à genoux, la selle sur le dos. « Il avait une si grande barbe, dit le chroniqueur Orderic Vital, qu'en cette attitude on l'aurait pris pour une chèvre. »

Un concile provoqué en 1096 par Guillaume, archevêque de Rouen, décréta : « Que ceux qui conserveraient une longue chevelure seraient exclus de l'Église pendant leur vie et qu'on ne prierait point pour le salut de leur âme. » Pierre Lombard, évêque de Paris, réussit, après d'énergiques remontrances, à obtenir du roi Louis VII qu'il se coupât les cheveux. Le roi Jean reprit la barbe et les cheveux longs ; mais son fils charles V se rasa, et la barbe ne reparut en France qu'au seizième siècle.

En dépit des ordonnances de Charlemagne, le goût des ajustements s'est propagé. Lorsque les premiers croisés parurent devant Alexis Comnène, empereur d'Orient, ils furent émerveillés de leur magnificence, de la richesse de leurs franges d'or, de leurs fourrures d'hermine, de vair et de petit-gris. L'Occident étonna l'Orient, dont le faste était cependant proverbial. Geoffroi, prieur du Vigeois en Limousin, chroniqueur du douzième siècle, se plaint amèrement des progrès du luxe. « Les barons du temps passé, malgré leur généreuse munificence, s'habillaient d'étoffes grossières ; l'évêque Eustorge, le vicomte de Limoges, le vicomte de Comborn se couvraient de peaux de mouton et de renard que les petites gens rougiraient de porter aujourd'hui. Quelques seigneurs découpent leurs chlamydes ou *cappes* en petits ronds et en languettes, de sorte qu'avec ces *cappes* trouées à jour auxquelles on donne le nom d'*aiot*, ils ressemblent à des diables. On a imaginé récemment un vêtement ample, sans manches, que les Français ont appelé *garnache*. Les jeunes gens de l'un et l'autre sexe ont eu successivement des *mitres*, qu'ils appelaient bonnets, des chapeaux de toile ou *coiffes*, puis des chapeaux de poil de chameau. La démarche des femmes, gênée par la longueur de leurs robes, rappelle les ondulations d'un serpent. »

Ces *mitres* ou *coiffes* avaient la forme des paniers que les enfants fabriquent avec des carrés de papier artistement pliés. On les recouvrait d'un capuchon à queue pendante, qu'on nommait *chaperon*, et *aumusse* quand il était fourré. Des perfectionnements inédits mirent la chaussure à l'unisson de la coiffure. Foulques V, comte d'Anjou, mort en 1142, s'avisa pour cacher la difformité de ses pieds, de donner aux pointes des souliers la configuration d'une *poulaine*, ou proue de vaisseau. Les *souliers à la poulaine* furent en faveur pendant deux siècles, et nous verrons qu'il fallut pour les supprimer les efforts combinés du clergé et de l'autorité séculière.

Indépendamment de la *garnache* ou *gavardine*, les monuments des douzième et treizième siècles mentionnent la *huyke* ou *houppelande*, pièce d'étoffe triangulaire, percée au centre d'un trou par lequel on paissait la tête ; le *mouffle*, houppelande à manches larges ; le *surcot*, modification de l'ancienne *saie* ; la *cotte-hardie* ou *surcot* long ; la robe, qui avait remplacé la tunique ; le *balandran*, qu'on avait substitué au *bardocuculus* gaulois. Tous ces ajustements étaient communs aux deux sexes.

Philippe-Auguste réitéra les prohibitions carlovingiennes ; il défendit aux chevaliers, en 1188, de porter des fourrures de vair, de martre, de petit-gris, et des étoffes écarlates. On voit par un compte de sa maison, de l'an 1200, qu'il s'affranchissait lui-même de la loi qu'il imposait. On y lit : Le *surcot* du roi, fourré de menu-vair, 60 sous; — la robe d'écarlate qu'il porta à Pasques, 16 livres et demi;—son chapel fourré de gris, 4 sous; — la fourrure de son manteau et de son capuce pluvial, 6 sous; — ses tuniques, 15 sous chacune; — la robe et le manteau fourrés qu'eut la reine à la Saint-Remi, 28 livres moins 3 sous; — habillement d'une dame du palais, 8 livres;—habillement des chambrières, 58 sous chacun; — l'habit d'un page, tunique, sous-tunique, peaux et chaussure, 107 sous.

Louis IX fut plus modeste en ses vêtements. Sa *cotte* était de *camelot*, étoffe de poil de chèvre; son *surcot*, sans manches, de tire-laine, c'est-à-dire de laine commune, et un manteau de *sandal* noir, étoffe légère de soie, de laine ou de poil de chèvre. Jamais il ne voulut se parer de fourrures autres que la peau de lièvre; jamais on ne lui vit ni étriers ni éperons dorés. Ce fut néanmoins sous son règne que le costume des femmes s'enrichit. Elles blasonnaient leurs robes, à corsages justes et montants, à droite, sur la jupe, de l'écusson de leur mari; à gauche, des armes de leur famille. Elles fendaient leurs manches depuis le coude jusqu'au poignet, d'où pendait un lambeau d'étoffe. Elles avaient conservé, en l'embellissant, le voile exigé par les décrets ecclésiastiques; car le concile de Salisbury, tenu en 1217, interdisait aux prêtres d'entendre une femme non voilée. Quelques-unes commençaient à reprendre l'usage du fard, abandonné depuis l'époque gallo-romaine. « Les dames, dit le troubadour Gaucelme Layolik, se mettent tant de blanc et de rouge sur la face qu'on ne voit pas plus de peinture aux ex-voto dont les offrandes sont accompagnées. » ÉMILE DE LA BÉDOLLIÈRE.

DE LA MODE DES ARTS D'AGRÉMENT.

Nous bornerons à quelques conseils ce que nous dirons de la nécessité pour la jeune maîtresse de maison de cultiver les arts d'agrément, dit madame la comtesse de D., à laquelle nous empruntons ces lignes ; ils ne doivent point remplir exclusivement la vie d'une jeune femme, faire son principal mérite, s'emparer de tous ses instants, et troubler, pour ainsi dire, l'économie domestique, en ne lui permettant pas de s'occuper d'objets moins agréables peut-être, mais plus essentiels au bonheur de tous. On comprend, d'après cette première donnée, que les arts d'agrément ne doivent entrer dans la distribution de son temps que comme d'utiles accessoires.

Les femmes surtout doivent apprécier la justesse du célèbre éloge que Cicéron fait des lettres et des arts, qui sont l'amusement de la jeunesse, le besoin de l'âge mûr, la consolation du malheur, l'ami de la vie, le compagnon et le soutien de la vieillesse. Le problème qui chercherait à fixer avec une sorte de précision la limite de l'emploi des arts dans la vie, est une abstraction que nous ne chercherons pas à résoudre. Il suffit de voir la destination de la femme, la place qu'elle occupe dans la société, pour pouvoir poser la thèse en général, et les exceptions dans les nécessités particulières, dans les positions locales.

Les femmes sont, par destination, vouées à la vie intérieure. Les cas où, jeunes, elles doivent sortir de la maison paternelle pour croître, pour ainsi dire, sous des influences étrangères sont très-rares. Ainsi, s'il est vrai que, malgré ses grandes imperfections, l'éducation publique soit préférable pour les hommes, les circonstances où l'éducation commune ne gâte pas l'heureux naturel des femmes semblent être une exception.

Chez les anciens, nous ne trouvons pas une seule observation qui puisse faire supposer que ce travers moral ait pu être conçu ; mieux encore que nous ils savaient que l'homme et la femme, jouant un rôle différent dans l'état social, devaient s'y préparer par des habitudes opposées. L'état, la constitution délicate des femmes, commandent, en quelque sorte, leur position : elles auront à veiller sur leurs enfants, à suivre tous les détails intérieurs, à enchaîner par l'aménité de leurs mœurs, les forces de l'homme, à adoucir par leurs formes conciliantes ce qu'il y a de rude, d'âpre, dans le déploiement de son courage et de ses mâles vertus. Les femmes, dispensatrices du bonheur de la famille, sont consacrées aux travaux timides de la maison, leurs goûts sont sédentaires, et leur regard ne s'étend pas au-delà de la sphère domestique.

Les arts d'agrément doivent donc être pour elles retenus dans les limites que nous venons d'assigner. C'est pour endormir les premières douleurs de son fils, que la mère répétera d'une voix pure et mélodieuse ces airs si naïfs, ces chants traditionnels dont une musique savante n'a pas le secret. La fille recevra les leçons de chant de sa mère, et ces airs, gravés dans son souvenir, elle les répétera au berceau de son premier-né. Voudra-t-elle pour elle-même céder au besoin de peindre par le chant les douces émotions qui l'agitent : ce ne seront pas de grands morceaux, dont l'exécution ne saurait être médiocre, qu'elle choisira ; elle redira un de ces couplets caractéristiques qui sont les chants des peuples, dont l'effet est toujours sûr, et qui émeuvent l'âme sans la transporter hors d'elle-même. Si son chant vient à s'animer, elle ne fera que nuancer ce tableau sans lui donner jamais le mérite d'une exécution large.

En un mot, *chanter*, pour la femme, c'est *chanter*, et non étonner par des tours de force, par une exécution savante qui est plus de convention que d'effet. Je regrette dans une femme ce que son chant a perdu de naturel et de grâce, quand elle rivalise avec les musiciens de profession ; je la plains d'obtenir ce triste et trop pénible succès.

Chanter, s'accompagner, voilà le but de la femme de ménage, et il ne lui faudrait presque aucune étude, si, par destination, elle ne devait donner à ses enfants les premières leçons d'harmonie. Loin de moi la pensée de l'exclure d'un concert où elle fera sa partie ; mais je veux que son talent soit peu remarqué. Il me paraît toujours qu'on fait la critique d'une mère de famille lorsque l'adulation la porte aux nues, et la présente comme une virtuose le disputant aux premiers artistes sur la harpe, la guitare, le piano, etc.

On me fera une objection , deux peut-être ; la première sera celle-ci : A quoi occuperez-vous les jeunes filles , si l'étude de la musique ne tient pas la principale place dans leur instruction ? Je répondrai à mon tour par une question : Quel temps restera-t-il à la jeune fille pour la musique, si la géographie, l'histoire, l'étude de la religion, occupent son temps ? si, comme cela doit être, la mère initie sa fille aux détails domestiques , et lui fait consacrer plusieurs heures aux divers travaux de l'aiguille ? Il n'y a qu'une distribution bien entendue, une sage économie du temps, qui puisse en faire trouver pour tout. Une heure par jour à la musique avec un maître, une heure seule me paraît beaucoup plus qu'il ne faut, surtout si l'on doit en résultat n'avoir qu'un faible talent.

La danse aussi, fille de l'harmonie, la danse, cet amusement où les plus doux plaisirs semblent s'obtenir sans effort, n'est plus, pour ainsi dire, qu'un amusement étranger à la mère de famille, par cela même qu'une manie de luxe a interdit la possibilité d'en renouveler l'exercice. Si, au contraire, on pouvait, comme chez quelques nations étrangères, faire des contredanses dès qu'il y aurait assez de danseurs pour former un quadrille, je conseillerais plusieurs fois par mois de renouveler les occasions de danser; la gymnastique y gagnerait. La danse est un exercice très-salutaire; prise modérément et surtout avec une expansion et une vivacité naïves, elle ranime et fait renaître les forces, alors même qu'elle paraît en épuiser la source; mais telle qu'on la pratique aujourd'hui, elle s'écarte étrangement du point où elle peut être utilement conseillée. Prolongée dans la nuit, elle est contraire à la santé; la forme même des habillements légers qu'elle exige dans la saison la plus rigoureuse a souvent entraîné de graves inconvénients, et chaque hiver un grand nombre de victimes en voulant chercher le plaisir trouve la mort. La mode condamne les mouvements et commande la nonchalance; quelques déplacements sans grâce ne font plus de la danse qu'une insipide combinaison qui n'est justifiée que par ces mots : *On ne danse plus aujourd'hui, on marche.* Il faut l'espérer, on reviendra bientôt, car le bon sens aussi a ses retours, on reviendra à donner à la danse le caractère de vivacité que son nom seul semble réveiller; on la concentrera sans luxe au milieu des familles; et, comme moyen de santé, on pourra la suivre et la faire entrer dans le système des moyens hygiéniques à conseiller aux femmes, pour lesquelles rien ne la remplace.

Pour les enfants, la danse a encore un grand avantage : c'est celui de contribuer à une tenue qui tient de la dignité, de la grâce et de l'aisance à la fois; mais alors il lui faudrait diriger son action de manière à vaincre les défauts corporels de l'enfant : il ne faudrait pas *automatiser* l'enfant comme le faisaient les anciens maîtres, qui croyaient que la raideur faisait la bonne tenue, et qui trouvaient de la grâce dans une position forcée et hors nature. Le maître de danse à qui je confierais ma fille ne serait pas non plus un de ces hommes à la mode, qui, négligeant l'habitude générale, ne regardent et n'estiment que la position des pieds, et l'effet plus ou moins grand qui peut résulter de l'exécution d'une figure de quadrille. Je voudrais que cet instituteur utile étudiât chacun de ses élèves, qu'il eût assez de connaissances, et de bon sens surtout, pour varier ses préceptes et les adapter par une heureuse application au sujet qu'il veut former pour la société. Je voudrais qu'on variât les exercices gymnastiques de la femme, et que la danse en fût le prétexte. Je voudrais... mais je me perds dans mes souhaits, et, mieux que moi, le cœur de la mère saura concilier ce qu'exige la santé de sa fille avec ce que nos habitudes et nos mœurs peuvent permettre.

Plus que la danse, plus encore que la musique, l'art du dessin est un besoin pour la mère de famille, mais il exige une grande pratique : comme les arts d'imitation, il transporte la nature et la reproduit ; comme les arts d'imitation, il crée. Mais le son perd dans l'air qui l'a produit le charme de ses vibrations ; mais la grâce de la danse, attachée un instant à chaque mouvement, perd continuellement l'attrait qu'elle attend d'un mouvement nouveau : tandis que le dessin fixe ses productions ; il parle aux yeux, et lorsque son langage est pur, un regard l'interprète instantanément.

Le dessin, pour la femme renfermée chez elle, a encore un grand avantage : les pinceaux fidèles, les crayons dociles ne trahissent jamais le vœu de celle qui implore leur secours. Dans tous les instants, laissés, pris, repris, ils n'ont ni les bizarres caprices des instruments, ni les difficultés qui naissent d'une réunion d'artistes pour concerter et obtenir des effets. Seule, la mère de famille pourra suivre l'entraînement qui lui fera trouver dans l'imitation du dessin ses plaisirs. Je ne connais pas d'occupation qui soit plus facile à se concilier avec la conversation, dont elle n'interrompt pas le cours, enfin avec l'assistance nécessaire à une leçon pour ses enfants.

La musique a, j'en conviens, plus de charmes ; le dessin a plus d'utilité : sa nécessité se fait sentir à chaque instant, je ne dis pas comme amusement, mais comme moyen d'indication, à l'ouvrier qu'on veut instruire de ce qu'on exige de lui ; comme moyen encore de retracer, aux yeux d'un enfant, ce qu'un long discours ne lui saurait apprendre que très-imparfaitement. J'ai toujours cru que l'instruction arrivant par les yeux était plus à la portée des intelligences ordinaires. Aussi, les livres à figures, faits avec soin, sont d'un secours merveilleux pour orner la tête d'un enfant d'une immense quantité de choses qu'il lui serait impossible d'entendre ou de concevoir sans leur secours. En général, parler aux yeux est le plus sûr moyen d'être compris.

Ici se place naturellement la question de savoir quelle est la meilleure méthode pour apprendre à dessiner ? Faire sous les yeux de l'enfant des choses simples au trait, tracer devant lui, et lui laisser faire des efforts, en l'avertissant chaque fois des défauts de sa copie : voilà la règle générale. Le dessin linéaire est bien borné ; cependant ses formes simples commandent son emploi. Le dessin de la tête, réduit à de simples lignes, en lui indiquant les proportions, formera et sa main et son œil : l'exercice et le goût viendront ensuite lui présenter les moyens d'embellir son œuvre première.

La broderie est pour les femmes d'une nécessité indispensable. Lorsqu'elles auront quelque habitude du dessin, elles sauront préférer les formes pures et gracieuses à ces contours bizarres, tourmentés, qui, par cela seul qu'ils visent plus à l'effet, n'en produisent aucun. J'estime peu ces robes qu'il faut des années pour exécuter, et qui, lorsqu'elles sont achevées, ne sont plus déjà avouées par la mode ; mais j'aime qu'une femme conçoive et exécute ces légers ornements qui embellissent les habillements. Une broderie est souvent la seule marque de reconnaissance que la convenance leur permette d'offrir. Dans tous les temps les femmes ont brodé : la robe du grand-prêtre d'Israël, le manteau des rois dans l'antiquité, la tapisserie de la reine Mathilde, attestent l'estime que les femmes ont su conquérir par cette faible partie du dessin. O femmes ! combien, en brodant l'écharpe du guerrier, le drapeau du corps de troupes, vous avez animé le courage, rappelé de grands devoirs, valu enfin à votre pays de gloire et de journées immortelles !

Un motif d'économie doit faire désirer aux femmes de se livrer à tous les travaux de la broderie : achetés, ces objets sont si dispendieux, faits ils ont tant de charmes, que, ne dût-on cultiver le dessin que pour augmenter ses jouissances en ménageant sa bourse, il faudrait le faire. Je terminerai par assurer, d'après une longue expérience, que le goût du dessin se porte sur tout, et que l'esprit de cet art, une fois compris, rend faciles des choses qu'on aurait, sans lui et sans la connaissance de ses moyens, crues impossibles à exécuter.

Je me résume : les arts sont faits pour embellir la vie en général, et surtout celle des femmes. La musique entretiendra en elles cette sensibilité exquise, le charme de leur vie, et qui est pour tout ce qui les entoure un réseau qui fixe près d'elles ; la danse entretiendra, prise modérément, débarrassée du luxe du bal, une santé qu'aucun autre exercice ne conserverait aussi bien ; le dessin enfin embellira tous les instants, tous les intervalles qui séparent une occupation d'une autre, sera un compagnon fidèle, perpétuera les sensations de toutes les époques de la vie, retracera enfin et le charme des plaisirs, et le mélancolique bonheur du souvenir.

MODES

DE L'EMPIRE ET DE LA RESTAURATION.

Ce n'est pas la richesse de la parure, ce ne sont pas les diamants, les bijoux, l'or, les belles étoffes qui ont manqué aux modes de l'Empire, pas plus que les occasions d'une représentation somptueuse et des fêtes brillantes ; leur infériorité consiste dans leur absence de caractère et dans leur goût étriqué. Aussi, dans les emprunts que l'on se plaît à faire aux modes anciennes, ni l'art, ni le théâtre, ni même la simple fantaisie, qui préside aux apprêts d'un bal costumé, ne songent-ils jamais à copier les modes de cette époque. Ils préfèrent s'adresser à la magnificence du siècle de Louis XIV ou à la mignardise de celui de Louis XV ; ils adopteront les mouches, la poudre et les paniers, s'accommodant mieux du ridicule que du mesquin. Les causes de cette infériorité sont trop complexes pour pouvoir être assignées d'une manière certaine. Une histoire philosophique de la mode dans ses rapports avec le génie propre d'un peuple et surtout avec les transformations qu'il subit successsivement est une tâche qui défie les esprits les plus ingénieux et les plus sagaces. Sans avoir la prétention d'entrer dans les mystères et les difficultés de cette appréciation, nous ferons seulement ici une simple remarque, c'est que l'essor de la mode et ses développements les plus saillants semblent appartenir exclusivement aux époques où les femmes ont été toutes-puissantes ou du moins prépondérantes à la cour et près du trône. La mode, pour révéler tout son génie inventif, semble avoir besoin d'être excitée par le désir de plaire à une souveraine. C'est tour à tour Montespan ou Fontanges, Pompadour ou Du Barry qui tiennent le sceptre. Après ces royales courtisanes vient une véritable reine par le rang et la naissance aussi bien que par la jeunesse et par la beauté, et autour d'elle, au moment où la vieille monarchie va finir, la mode répand à profusion toutes ses fleurs, toutes ses plumes, tous ses pompons et toutes ses aillettes. Tout disparaît alors. Au sortir de la Terreur c'est encore une femme, non plus une reine, ni une courtisane royale, mais une beauté inspiratrice des tribuns et des hommes influents de l'époque, une *thermidorienne,* pour parler le langage du temps, qui ramasse le sceptre abandonné de la mode et essaie, sous prétexte de goût de l'antiquité, de mettre en vogue les innovations les plus hardies qu'il lui soit jamais arrivé de risquer en France. Une de ses amies, une créole, célèbre par sa grâce avant de l'être par sa haute fortune, partage avec cette Hétaïre du commencement du dix-neuvième siècle la dictature de la toilette. La lettre suivante, adressée par madame de Beauharnais à madame Tallien, peut donner une idée des futiles préoccupations des deux amies : « Je ne vous demande pas si vous paraîtrez à la magnifique soirée de Thélusson. La fête serait bien languissante sans vous. Je vous écris pour vous prier de vous y montrer avec le surtout de fleurs de pêcher que vous aimez tant. Je me propose de porter le pareil. Comme il me paraît *important* que nos parures soient absolument les mêmes, je vous préviens que j'aurai sur les cheveux un mouchoir rouge noué à la créole, avec trois crochets aux tempes. Ce qui est bien hardi pour moi est tout naturel pour vous, plus jeune, peut-être plus jolie, mais incomparablement plus fraîche. Vous voyez que je rends justice à tout le monde. Mais c'est un coup de parti; il s'agit de désespérer les *trois bichons* et les *bretelles anglaises.* » (Sobriquets de société donnés à des rivales.) Bientôt à son tour la créole de la Martinique monte sur le trône. La mode doit en pousser un cri de joie ; car, s'il ne s'agit que de la frivolité, du goût de la parure et du facile entraînement à la dépense, elle doit retrouver dans la nouvelle impératrice une de ses reines d'autrefois Joséphine a non-seulement la passion de la toilette, mais elle a encore le goût délicat. Elle devait merveilleusement entendre l'art des nuances, celle qui disait un jour à ses femmes : « Je suis malade aujourd'hui ! donnez-moi un chapeau qui sente la petite santé.» Créole, coquette, dépensière, impératrice, comment se fait-il que sa fantaisie féminine, avec tous les moyens qu'elle avait et qu'elle usurpait de la satisfaire, n'ait pas imprimé à la mode de son temps une impulsion caractéristique ? C'est que l'impératrice ne régnait pas de la façon qu'avaient régné jadis Marie-Antoinette ou les Pompadour, les Maintenon et les Montespan, Elle ne régnait même plus autant qu'elle l'avait fait elle-même quelques années auparavant avec son amie madame Tallien dans les salons du Directoire. A cette heure le royaume n'était plus en quenouille : la grâce de la femme disparaissait devant la majesté et la gloire du mari. Ses caprices devaient se subordonner à la volonté du maître, et ce maître n'était rien moins qu'un homme de boudoir. Il lui arrivait bien, à la vérité, de se mêler par hasard des affaires de chiffons et de toilette, mais il le faisait à sa manière, et la mode ne devait guère y trouver son compte. Un jour c'est pour faire arrêter une marchande de modes, mademoiselle Despeaux ; un autre, c'est pour demander l'impossible à une autre modiste, qui, cette fois était un homme : le fameux Le Roy. Il s'agissait d'une robe pour un bal offert le soir même par la ville. L'artiste qui avait longtemps habillé Joséphine, appelé par l'empereur, se défend par la brièveté du temps. D'ailleurs il n'a pas encore eu l'honneur d'habiller la nouvelle impératrice. « Un corsage bien fait d'une de ses robes vous suffit-il ?— Oui, Sire, et je vais aller me mettre à l'œuvre.—Vous ne vous en irez pas, l'impératrice n'aurait pas sa robe. — Mais, Sire, il me faut mes demoiselles de Faites-les venir. — Mes ateliers ? — Il ne manque pas de tables ici. Installez-vous. L'atelier de couture est improvisé, les demoiselles arrivent et se partagent la besogne, A cinq heures la robe fut essayée, et quatre heures après. Marie-Louise, en étant parée, entrait au bal de la ville. Le Roy fut nommé fournisseur de l'impératrice. Avec un homme toujours aussi pressé que Napoléon et qui aimait si peu attendre, les dames durent forcément alors contracter une excellente habitude qu'elles ont malheureusement perdue depuis, celle d'être prêtes à temps pour un dîner, pour une soirée ou pour un bal. Cette grande hâte désolait le valet de chambre coiffeur de la reine Hortense. « Que dira l'Empereur? s'écria-t-il quand elle lui ordonnait de brusquer les apprêts de sa coiffure. — Puisque vous coiffez toutes les jolies dames de Paris, répondait Hortense, faites tous vos charmants essais sur leurs têtes, moi je ne demande que de l'exactitude. »

La première impératrice avait pu donner du mouvement à la mode, mais elle ne lui avait pas donné une direction ; la seconde ne fit rien pour elle. A la cour, la mode se renferma dans les règles de l'étiquette ; à la ville, elle se montra, sinon de bon goût, du moins réglée et circonscrite dans ses inventions. Un chapeau plus ou moins élevé, une capote plus ou moins volumineuse, quelques changements dans le nombre, la hauteur et la disposition des plis, des festons ou des falbalas attachés au bas des robes, telles sont les monotones révolutions que les journaux de modes enregistrent sous l'Empire. Malgré cette absence d'innovations, la mise est cependant loin d'être uniforme. Les dames portent indifféremment des robes, des redingotes ou des spencers, quelques-unes vont mêmes jusqu'aux carricks, des guimpas ou des cachemires, des plumes, des fleurs ou des rubans. Les hommes ont la culotte ou le pantalon, les souliers ou les bottes ; cependant dans la variété de leurs toilettes, il s'accordent tous en un point, c'est qu'ils sont toujours mal mis. Tantôt ils s'affublent de lourds carricks et ressemblent à des cochers de fiacre, tantôt ils se transforment en Gilles avec un frac écourté ayant la forme d'un sac. Au commencement de 1813, un jeune homme, pour être à la mode, doit avoir un habit trop large, un pantalon trop étroit, un chapeau trop petit et des souliers trop longs. Les couleurs en vogue pour habit sont les couleurs *cendre, sauterelle, gris de souris effrayée*, désignation empruntée à la pièce des Variétés; *le Ci-devant jeune Homme*, ou *gris de souris en gaieté*, nuance plus rousse, mais qui n'en est pas plus belle pour cela. On a du moins le luxe du beau linge. Quand une belle chemise ne coûte que soixante francs, il n'y a rien à dire. Pour sortir le matin, on met à son cou un madras fin ou un foulard moelleux; mais pour s'habiller, on met une cravate de mousseline claire. Tout à coup cependant, et passant d'un extrême à l'autre, comme cela arrive si souvent en fait de modes, au lieu d'une étoffe souple et légère, on a le courage de se mettre autour du cou une sorte de carcan ou col de velours noir qui, ne permettant pas de tourner la tête, donne un air guindé tout à fait ridicule.

Le beau sexe de son côté, pendant que l'autre commence à adopter le col militaire, est définitivement soumis à la rude discipline du corset. Partout le busc rigide triomphe du libre abandon qui régnait une quinzaine d'années auparavant. Les dames ont le corset à *la Ninon* pour la grande toilette, ceux en X pour le négligé, et les ceintures à *la Cléopâtre* pour les santés florissantes. Au point de vue de la modestie et de la décence, il y a un progrès incontestable, si l'on compare la toilette des femmes des dernières années de l'Empire à celle des femmes des premières années et du temps du Consulat. Au lieu de dire d'une femme qu'elle était bien habillée, on eût pu dire alors qu'elle était déshabillée à ravir. L'ivresse égara pendant quelque temps toutes les jeunes têtes. Elles n'é-coutèrent ni les avertissements sévères des médecins, ni la voix amie des sages qui leur disaient dans leur style costumé à la mode du temps : « Ce qui est à tout le monde n'est plus une faveur... Depuis que tout est permis, que tout devient facile, *l'amour, ce tendre et délicat ami du silence et du mystère, a fait usage de ses ailes !* » Il est revenu depuis, il faut l'espérer. Toutefois, en proclamant la décence relative de la toilette féminine de cette époque, ne perdons pas de vue que cette toilette avec un corsage étroit, une ceinture placée sous le sein, et une robe courte, faite en gaîne et trahissant toutes les formes, serait un véritable sujet de scandale pour notre temps, Faut-il en conclure que les dames avaient moins de réserve alors qu'aujourd'hui, et que la pudeur a été s'augmentant dans la même proportion que les jupes de robe qui de trois lés sont arrivées à huit ou neuf ? Nous ne demanderions pas mieux que de le croire, mais en vérité nous n'oserions l'affirmer ; dans le doute le sage s'abstient.

L'année 1813 s'ouvre avec deux modes nouvelles : les *casques à la Clorinde*, imités de celui de madame Branchu dans *Jérusalem délivrée*, et le *chapeau a la jockey*, né on ne sait à quelle occasion, et qui est adopté par quelques femmes à cause de la bizarrerie de sa forme et du petit air piquant et éveillé qu'il donne à certains minois chiffonnés. Les élégantes portent tour à tour des casques, des toques tenant du chapeau d'homme, et pendant l'été des chapeaux de soie à forme brisée de près de deux pieds de haut ; les dames de bonne compagnie se contentent du chapeau de paille de soixante-deux tours surmonté de cinq ou six plumes blanches.

Mais pourquoi ralentir notre récit ? précipitons-le au contraire. Voici venir les Barbares ! ils font invasion dans la mode avant de la faire dans la politique. Les Chinois envahissent, en 1813, Paris, que les Anglais et les Russes envahiront en 1814. Les Chinois ! ô honte ! Paris, le centre de l'élégance et du goût, se mettre à imiter Pékin ou Kouang-Tcheou ! La folie prit d'abord les Parisiennes par la chevelure. Les cheveux furent relevés et dressés droits sur leurs racines et ramenés sur le haut de la tête ; les tempes furent entièrement dégarnies et les yeux brillèrent effrontément de tout leur éclat sous un front nu et découvert. Pendant tout le printemps cette transformation ridicule n'atteignit que les coiffures et les chapeaux; bientôt tout fut arrangé *à la chinoise :* robes, pardessus, guimpes, capotes, bonnets dits *pyramides chinoises,* bas, brodequins, parures en corail, etc..... tout fut relevé, découpé en pointe et orné de glands. Cette épidémie était trop violente pour être durable. *La chinomanie* persiflée par les caricatures et les vaudevilles se réfugia et vécut encore quelques années au dôme des ombrelles. Bien entendu, ces modes chinoises, malgré leur prétention, n'étaient pas d'un chinois tellement pur qu'elles n'eussent été des chinoiseries détestables si elles avaient pu être transportées sur les bords du fleuve Jaune ou du fleuvs Bleu. C'était déjà assez grotesque comme cela sur lee bords de la Seine ! De tout ce mouvement parti d'une pièce de l'Opéra, le *Laboureur chinois,* il n'est resté qu'une enseigne, celle des *Deux Magots,* d'après une farce des Variétés dans laquelle Potier et Brunet déridaient par leurs lazzis les fronts de leurs contemporains, attristés au bruit des désastres précurseurs de la chute de l'Empire.

Cependant l'insouciance du caractère national semble écarter les tristes pressentiments. La France alors ne *s'ennuyait* pas. A cette lugubre fin d'année 1813, on chante comme aux beaux jours. Les almanachs pleuvent. Outre le *Caveau moderne* ou le *Rocher de Cancale,* dont le huitième volume paraît en 1814, on a l'*Almanach des Dames,* le *Petit Almanach des Dames,* le *Chansonnier des Demoiselles,* le *Chansonnier Français,* le *Chansonnier de l'Amour et des Grâces,* les *Roses,* les *Etrennes aux Dames*... charmants petits livres tout resplendissants d'or et de soie, de moire et de tabis. Avec ces jolis livres à la main et ces jolis mots sur les lèvres, les plus jolis mots de la langue, — les roses, l'amour et les grâces, — moyen d'aborder une femme sans lui faire un compliment ? Comme nos ancêtres étaient arriérés avec leurs *Etrennes mignonnes,* le plus brillant de leurs almanachs ! il est vrai qu'ils avaient un fonds de galanterie qui pouvait se passer

d'excitation et de vains prétextes,— mais la civilisation
marche : aussi que de réformes introduites depuis dans
les mœurs et dans les almanachs !

Au milieu de cette publicité frivole, la mode aussi se
fait sa part. Elle a déjà son journal ; le 1er janvier 1814,
elle publie pour la première fois son almanach, petit in-18
orné de jolies gravures coloriées que l'on rencontre dans
la bibliothèque des curieux. Au frontispice est représenté
un petit Amour tout rose et les ailes déployées qui ap-
porte en triomphe à une jeune femme assise près de son
secrétaire, et comme l'objet le plus tentant qu'il ait pu
découvrir dans l'arsenal des modes de 1813, un chapeau
orné de plumes et en forme de tuyau de poêle, l'objet le
plus disgracieux qui se puisse imaginer. Les filles d'Ève,
on le sait, n'ont pas toujours le goût difficile en fait de
tentation ! On trouve dans ce petit almanach des rensei-
gnements curieux sur les fournisseurs et les marchands
les plus en vogue. Marchandes de modes, couturières en
robes et en corsets, lingères, brodeuses, etc... tailleurs,
chapeliers, culottiers, bottiers... ont tour à tour leur
place dans cette longue galerie. L'*Iliade* d'Homère ne
présente pas un dénombrement plus fidèle. L'almanach
ne se contente pas d'une sèche nomenclature, il se livre
à une appréciation détaillée. Parcourez-vous le premier
paragraphe, celui des marchands de modes, vous y voyez
que mademoiselle Despeaux, rue de Grammont, 11, dont
la réputation se soutient depuis dix-sept ans, doit sa
supériorité pour la pose des plumes à une jeune personne
qui possède ce talent au plus haut degré. « Après de plus
amples informations sur cette jeune personne, disent les
rédacteurs consciencieux, nous avons appris que mademoiselle Annette joignait à ce talent une jolie figure.»—
Ils nous apprennent que mademoiselle Bertin, la célèbre
marchande de modes de Marie-Antoinette et de la cour,
vient de mourir dans une maison de campagne à quelques
lieues de Paris. La première moitié de sa vie avait été
laborieusement occupée à arranger des chiffons et à faire
une grosse faillite ; la seconde avait été plus heureuse,

car elle avait été honorée par des œuvres de bienfaisance.
—La couturière la plus fameuse est alors madame Germont, rue Sainte-Anne, n° 14, mais elle a une rivale redoutable dans le sieur Leroy, rue Mandar, n° 12.— Quant aux corsets, une élégante n'estime que ceux de madame Coutant. « Ses corsets ne sont pas seulement faits dans l'intention de serrer la taille et de la maintenir; ils sont encore coupés de manière à faire valoir les plus petites *choses*. »

Mais, pendant que l'*Almanach des Modes* s'occupe complaisamment des petites choses que font valoir les corsets de madame Coutant, il se passe de grandes choses en Europe. Nous voici arrivés à l'année 1814. La France est envahie par les hordes étrangères; des nuées de Cosaques et de Tartares bivouaquent au bois de Boulogne, sur les boulevards et dans les Champs-Élysées. Qu'importe la mode? Son empire, à elle, est intact. Si la patrie est en deuil, les élégantes de Paris ne sont pas disposées pour leur part à prendre le crêpe. Au contraire, elles assistent le 31 mars, dans leurs plus jolies toilettes, à l'entrée des Alliés dans nos murs. Elles ont à soutenir leur réputation européenne. Plaire n'importe à qui, voilà leur patriotisme. Pourquoi se cacheraient-elles d'ailleurs? Ces sauvages du Nord ne sont pas si farouches. Remarquez l'excessive politesse avec laquelle ils leur adressent la parole au passage. Puisqu'il a pris fantaisie à l'Europe de se déplacer et de venir défiler sur nos boulevards, une telle revue ne peut être qu'un jour de fête pour elles. Elles sont bien sûres du triomphe. Soyons indulgent pour leur coquetterie, nous simple annaliste de la mode. Oublions qu'elles jettent des fleurs et des couronnes aux ennemis de la France; laissons ces tristes souvenirs aux colères de l'histoire.

Tous ces uniformes, tous ces costumes étrangers introduits dans Paris, loin d'étouffer la mode, vont lui communiquer, au contraire, une nouvelle activité. Elle s'épuisait et tournait sur elle-même; elle va aller en avant et se retremper à des sources nouvelles. Déjà elle

a remarqué ces poitrines bombées, ces larges pantalons
des Cosaques, ces petits chapeaux, ces touffes de plumes
de coq... et elle s'apprête à en tirer parti. Malheureusement pour la France, elle a le temps de se familiariser
avec ces formes nouvelles de vêtements. Si les étrangers
s'éloignent bientôt de Paris, ils y reviennent en 1815, et
leur séjour exerce son influence sur nos costumes civils
et militaires. Il s'effectue, à partir de cette époque, un
des changements les plus importants parmi ceux que
nous sommes appelé à noter dans l'histoire de la mode.
Et voyez combien sont lents les progrès en toutes choses.
Il avait fallu les révolutions profondes qui séparent la
fin du dix-huitième siècle du commencement du dix-
neuvième pour amener la substitution du pantalon à la
culotte et celle de la botte au soulier; il ne faut rien
moins qu'une invasion du pays par l'Europe liguée contre
nous pour faire que la botte, au lieu d'être mise sur le
pantalon, soit cachée dessous. Et cet arrangement, à
voir la manière dont il a prévalu et dont il persiste,
semble être le dernier mot de la civilisation en fait de
pantalon et à propos de bottes. Peut-être dans un pays
où on a de la boue pendant les trois quarts de l'année
les partisans de la botte en dessus étaient-ils les plus
sensés. Mais il faut reconnaître qu'elle donne un air de
palefrenier et est fort peu convenable pour se présenter
chez une dame. On sait le mortel déplaisir que le général
Bonaparte causait à madame Permon, la mère de la du-
chesse d'Abrantès, lorsque, venant la visiter et assis près
d'elle, il étendait ses bottes sur les chenets de la che-
minée. Est-il étonnant que l'usage de cette chaussure ait
été proscrit dans un pays se piquant de savoir-vivre et
de galanterie, et qui ne se doutait pas alors qu'il s'ou-
blierait un jour jusqu'au paletot-sac, au cigare et à
toutes sortes de rusticités dans les manières ? Quoi qu'il
en soit, la botte classique a disparu et a été remplacée
par la demi-botte économique. Si réellement c'est un
progrès, constatons-le, mais avouons qu'il nous a coûté
un peu cher. La part de l'influence étrangère sur le

costume parisien devait nécessairement être moindre pour la mise des femmes que pour celles des hommes. Quelques élégantes trouvèrent cependant le moyen de faire, au mois d'avril 1814, un emprunt au costume des officiers alliés, et se mirent à orner comme eux leurs chapeaux de *plumes de coq*. Mais, à côté de l'invasion des étrangers, il y eut aussi celle des étrangères. Une nuée d'Anglaises s'abattit bientôt sur la France. Nos jolies Parisiennes purent rire d'abord, mais elles ne purent pas échapper à la contagion des modes britanniques. L'invasion anglaise, c'est là pour la mode le fait capital de l'époque à laquelle nous sommes parvenus. Nous renvoyons ce fait important au prochain article.

A côté de l'invasion des étrangers la Restauration devient pour la mode un autre élément d'influence. En face du costume français de 1814 vient se poser un autre costume français suranné, et tellement suranné, que les vieux émigrés qui le portent paraissent aux générations du temps plus ridicules et plus étranges que les Alliés eux-mêmes. La poudre, la queue, les ailes de pigeon, le rouge, la culotte, les souliers à boucles et l'épée portée horizontalement et par-derrière..., et les figures, les airs, les manières, le langage, tout cela est tel que les Français ne peuvent reconnaître leurs compatriotes ni s'expliquer comment en quelques années ont pu s'opérer de si étranges métamorphoses, qui leur rappellent les aventures de la Belle au bois dormant. Ils ne sont pas tentés le moins du monde d'imiter ces antiquailles. D'ailleurs, ils sont tout occupés pour le quart d'heure à se faire faire des habits pour la garde nationale. Les ciseaux de tailleurs réclamés pour cet office et pour les uniformes des gardes du corps, des mousquetaires, des chevau-légers, de la garde royale..., laissent en paix pour quelques instants les revers, le col et les pans des habits de ville. —Les dames, qui ont plus de loisir, se donnent le plaisir d'afficher leur opinion politique en étalant leur toilette. Pour plusieurs le royalisme est une chose de sentiment, pour un grand nombre il n'est qu'une affaire de mode. Cela est comme il faut, cela sent la cour. Et puis d'ailleurs — le blanc sied si bien ! le *lis* est une si jolie fleur ! —Elle devient l'élément essentiel de toutes les coiffures. Le panache blanc ombrage pendant plusieurs années les chapeaux et les toques *à la Henri IV ;* le chapeau à la Paméla vient de nouveau faire concurrence aux chapeaux retroussés par-devant et agrafés en biais.

La Restauration communique aux idées un mouvement auquel se laissent entraîner l'art et la littérature. Le retour aux idées du moyen-âge ramène dans les édifices et dans l'ameublement le goût des formes gothiques. Mais la mode, plus indépendante, si elle imite parfois le passé, s'abandonne en général au courant de ses caprices journaliers. Si elle se laisse envahir par la politique, c'est qu'elle y trouve son compte ; impartiale entre les deux camps ennemis, elle ne voit dans leurs divisions qu'une occasion de faire deux toilettes au lieu d'une. Elle veut bien afficher son amour pour Louis XVIII, mais elle ne veut pas cacher ses regrets pour Napoléon. Elle adopte le lis, mais elle leur oppose aussitôt les violettes. Un soir l'actrice préférée du public paraît sur la scène avec une parure de violettes. Malgré la faveur dont elle jouit, le parterre, royaliste cette année-là, ne veut pas écouter mademoiselle Mars. Elle est obligée de se retirer ; elle reparaît bientôt vêtue simplement, mais tout en blanc : elle est couverte d'applaudissements frénétiques.

Désormais la mode se verra souvent appelée à s'allier à la politique. Mais que lui importe cette alliance-là ou une autre ? tous les prétextes lui sont bons.

Le Français du dix-huitième siècle avait perdu la barbe ; le Français du dix-neuvième l'a retrouvée. C'est un des droits de l'homme qu'il ne pouvait manquer de revendiquer. La nature n'a pas donné un menton de femme à un homme de trente ans. Elle a mis de la barbe à son menton comme à celui du bouc. Celui-ci, en sa qualité de bête, a dû la garder ; l'homme, au contraire, en vertu de son intelligence, l'a taillée, l'a rasée, l'a quittée et reprise tour à tour, et, non content d'en faire une occasion de manifester son inconséquence, il en a fait encore un sujet de division, de schisme et de dispute. Bien avant l'empereur Julien, reprochant leur menton glabre et efféminé aux habitants d'Antioche, qui à leur tour lui reprochaient sa barbe épaisse, le menton barbu se moquait de celui qui ne l'était pas. Et cela a continué jusqu'à nos jours, où l'on n'est pas plus d'accord sur ce sujet que sur tant d'autres. Au douzième siècle, la fantaisie d'un de nos rois de se faire raser le menton contre l'agrément de sa femme nous valut la perte de nos plus belles provinces et une guerre interminable avec l'Angleterre. Les dames ne prendraient pas aujourd'hui la chose aussi au vif qu'Éléonore de Guyenne. Si un grand nombre approuvent ou tolèrent nos mentons barbus, quelques-unes manifestent hautement leur aversion pour cet aspect inculte de notre visage. Quelles que soient les opinions, il faut pourtant reconnaître que la barbe donne de la gravité. Sous ce point de vue, elle contribue beaucoup à l'impression que nous font les Orientaux. Mais si elle va à leur ample costume et surtout à leur cou découvert, elle s'adapte moins bien à nos costume étriqué et s'encadre tout à fait mal dans une cravate et entre les cornes d'un col de chemise. Les ridicules moustaches des calicots furent un premier acheminement vers ce retour aux lois naturelles. L'invasion de la moustache sur les faces bourgeoises devait se faire avec plus d'ensemble à partir de 1830 avec l'enthousiasme de corps de garde excité dans la garde nationale. Déjà, quelques années auparavant le camp des romantiques, celui des ateliers et des écoles étaient hérissés de formidables moustaches et de barbes incultes. Des estaminets du quartier Latin, la barbe passa insensiblement au faubourg Saint-Germain, où elle fut mieux peignée. C'est surtout dans ces dernières années qu'elle est devenue une mode presque générale. Mais elle est devenue aussi, suivant la manière dont elle était taillée, un signe de ralliement politique, et cela nuira peut-être à sa fortune. Car de nos jours l'aspect politique n'est pas celui sous lequel les choses se recommandent de la manière la plus aimable. Remarquons que l'Angleterre, qui se met volontiers à l'unisson avec la France en fait de modes, a jusqu'ici complétement résisté à celle-ci.

On pourrait signaler presque à toutes les époques une lutte longue et opiniâtre entre deux modes tout à fait opposées, jusqu'à ce que l'une des deux succombe sous l'autre. Nous l'avons déjà observé entre la culotte et le pantalon, entre la botte et le soulier, entre la queue et la titus; nous la retrouvons ici à l'occasion de la barbe; nous allons voir également la discorde au camp des dames au sujet des tailles longues et des tailles courtes, des manches larges et des manches plates. C'est surtout à l'occasion de la coiffure que la division est la plus marquée : les coiffures hautes ou basses, les nattes et le crépé, le bandeau et les tirebouchons restent longtemps en présence et continuent encore en partie à régner simultanément. La coiffure des dames, il faut le reconnaître, est en général simple et de bon goût. Pendant quelques années, à partir de 1825, elle affecta une surcharge maniérée et extravagante. C'est à la fois sur les côtés une masse de boucles épaisses, sur le haut de la tête quatre à cinq coques, des nattes, un diadème de tresses construit de la main du coiffeur, un peigne, pendant quelque temps placé de travers, et des nœuds de ruban juchés au milieu de tout cela. Comme le cuir chevelu ne pouvait pas porter une moisson de cheveux aussi abondante, il fallait en avoir d'emprunt. Une femme modeste ne s'en tirait pas à moins de deux *fausses queues* et de deux paires *d'anglaises* ou mèches pendantes qu'on fixait sur les côtés avec des peignes. C'était le beau temps du commerce des cheveux. Dans les foires de Normandie et de Bretagne principalement, où les marchands allaient s'approvisionner, souvent deux ou trois cents jeunes femmes cédaient leur chevelure pour un bonnet ou un tablier. Dans les brillantes réunions, où triomphaient nos beautés aristocratiques, l'ardent jeune homme qui eût donné son sang pour posséder une mèche de cheveux de la femme adorée, ne se doutait pas qu'il se mettait l'âme à l'envers pour les cheveux morts d'une fille de basse-cour des environs de Coutances ou de Quimperlé. Du reste, ce commerce dure toujours, et les hommes y sont moins intéressés que les dames. Le toupet pour un des sexes, la queue, le bandeau et les anglaises pour l'autre, et la perruque pour tous les deux, sont de droit commun. Grâce à l'habileté de nos artistes, les ans, de ce côté du moins, n'ont plus d'irréparable outrage.

FIN.

TABLE.

FIN DE LA TABLE.

9 782014 460773